AF250756

# LE

# PLÉBISCITE

## ET

## L'HÉRÉDITÉ

### PAR

### AMÉDÉE DE CAIX DE SAINT-AYMOUR

—

« A l'avénement de chaque nouvel Empereur, la sanction du peuple sera demandée. »

Napoléon III.

PARIS

DENTU, PALAIS-ROYAL, GALERIE D'ORLÉANS

—

1870

# LE

# PLÉBISCITE ET L'HÉRÉDITÉ

## I

Le peuple français, convoqué dans ses comices, est appelé à voter dans quelques jours une nouvelle Constitution. Le Gouvernement, par tous ses organes officiels et officieux, s'est efforcé de diminuer la portée de ce plébiscite et a essayé, mais en vain, de persuader à la France et au monde que le maintien de la dynastie napoléonienne n'était nullement en discussion.

Nous voulons, dans ces quelques pages, après avoir prouvé que c'est bien la question dynastique qui est posée aujourd'hui devant le suffrage universel, examiner le plébiscite dans ses rapports avec l'hérédité du Trône.

Nous étudierons successivement les trois points suivants :

Premièrement : *Était-il opportun de poser aujourd'hui la question dynastique?*

Secondement : *Le régime plébiscitaire est-il compatible avec un trône héréditaire?*

Troisièmement : *Quels dangers le droit permanent d'appel au peuple peut-il faire courir à la France et à la dynastie impériale, et comment pourra-t-on conjurer ces dangers?*

Il nous faut d'abord prouver que le plébiscite soumis en ce moment à la ratification du peuple pose de nouveau la question dynastique.


## II


Si l'on en croit les déclarations du Gouvernement, le principe de l'Empire n'est nullement en jeu dans le plébiscite; mais est-ce bien la vérité des choses? Nous ne le pensons pas. Compulsez les circulaires des comités plébiscitaires; lisez les lettres des députés à leurs électeurs; consultez les manifestes de l'opposition; étudiez enfin bien sérieusement les documents officiels, et vous verrez qu'en réalité le plébiscite soumis à la sanction du suffrage universel a pour but principal de donner une nouvelle solidité à l'édifice impérial. La dynastie, pour employer une expression triviale, mais juste, est sur la sellette, et, comme l'a très bien dit un spirituel député de l'opposition, c'est l'Empereur qui est le candidat officiel dans l'élection du 8 mai. En voulez-vous une preuve? La circulaire signée collectivement par tous les ministres va nous la fournir.

On a souvent appelé M. Emile Ollivier un *Lamartine pratique*. Peut-être est-ce pour justifier cette dénomination que le nouvel académicien semble mettre à plaisir dans les documents officiels rédigés par lui des périodes ampoulées et des phrases à effet, qu'il devrait bien réserver pour son discours de réception au palais de l'Institut.

La circulaire des ministres aux fonctionnaires de l'Empire, où l'on reconnaît sans peine la main de M. le garde des sceaux, n'est malheureusement pas exempte du défaut que nous venons de reprocher aux documents sortis de la plume de M. Ollivier; elle semble au contraire exagérer la phraséologie habituelle du ministre; on y sent l'effort que le rédacteur a été obligé de s'imposer pour arriver à commenter le plébiscite au point de vue libéral, en y faisant entrer l'idée de l'hérédité, et l'impossibilité où il s'est trouvé de concilier l'inconciliable. Il faut bien avouer, du reste, que dans la circonstance présente, il était difficile de s'en tirer d'une autre façon.

En effet, on a déjà fait remarquer avec beaucoup de raison la contradiction flagrante qui existe entre la première partie de cette circulaire où il est dit que « confiant dans le droit qu'il tient de 8 millions de suffrages, » l'Empereur « ne remet pas l'Empire en discussion, » et la

fin de la même pièce où M. Ollivier fait « au nom de la paix publique » appel aux fonctionnaires contre « ceux qui ne combattent la transformation de l'Empire que pour détruire avec lui l'organisation politique et sociale à laquelle la France doit sa grandeur, » et leur demande « d'assurer à notre pays un tranquille avenir, afin que sur le trône comme dans la plus humble demeure, le fils succède en paix à son père. »

Nous devons avouer que, pour notre part, ce qui nous a le plus frappé dans la circulaire ministérielle, c'est précisément cette dernière phrase. Jadis, au bon vieux temps, on disait en parlant d'une propriété indiscutable : « Ceci est à moi, comme la France est au Roi. » Mais nous nous serions difficilement imaginé qu'en 1870, on aurait pu trouver dans notre pays démocratique et égalitaire neuf ministres pour signer une pareille étrangeté.

Quoi ! le trône de France appartient à la dynastie impériale comme mon cheval et ma maison peuvent m'appartenir ; et si l'Empereur avait une fille, il pourrait, revenant aux habitudes de ce bon vieux temps dont je parlais tout à l'heure, lui donner en dot, en la mariant avec un prince d'Autriche ou de Prusse, la Bretagne, l'Alsace ou la Lorraine.

Nous pensons que jouer ainsi à la monarchie de droit divin, à l'instant où l'on vient se retremper dans le suffrage universel, est une profonde maladresse, et que c'était le cas ou jamais de s'abstenir d'émettre une idée pareille au moment même où, quoi qu'on en dise, on vient demander au vote populaire la consécration de ce que le vote populaire lui-même a fait il y a 18 ans.

Nous nous sommes laissé peut-être entraîner trop loin dans la discussion d'un simple détail; mais il nous a paru impossible de laisser passer sans protestation une phrase si malencontreuse dont la presse nous semble ne s'être pas assez occupée, depuis qu'elle a paru au *Journal officiel*. Qu'on veuille bien le remarquer, nous ne parlons pas ici en révolutionnaire avide de changement, mais en citoyen blessé dans sa dignité, en électeur froissé dans l'exercice de son droit.

Quoiqu'il en soit, nous pensons avoir suffisamment démontré que la circulaire ministérielle du 24 avril, commentaire naturel du plébiscite, pose devant le peuple la question dynastique.

Nous avons du reste un document émanant d'une source encore plus haute : en effet, dans sa proclamation au peuple français l'Empedit textuellement ceci ; « En apportant au scrutin un vote affirmatif, vous conjurerez les menaces de la révolution, vous assoirez sur une base solide l'ordre et la liberté, et vous rendrez plus facile, dans l'avenir, la transmission de la couronne à mon Fils. » C'est là, sous une forme pleine de convenance, un appel anticipé au suffrage universel en faveur du Prince Impérial. L'Empereur, tout en comprenant mieux peut-être que ses ministres, la position que font à sa dynastie le droit électoral et les idées modernes, demande, lui aussi, au vote populaire une adhésion en faveur de son Fils.

### III

Était-il bien opportun de poser aujourd'hui la question dynastique? Nous serons fort heureusement d'accord avec presque tous les organes de l'opinion libérale en blâmant le Gouvernement de demander au suffrage universel de la façon la plus solennelle, la plus inusitée et la plus dangereuse, la consécration de la dynastie impériale.

Mais, nous dira-t-on, la Constitution a été changée; et, comme en 1852, elle avait été ratifiée par le peuple, il était nécessaire de la faire approuver de nouveau ; c'est là une erreur manifeste. La Constitution, il est vrai, vient de subir d'importantes modifications, — et certes, ce n'est pas nous qui nous en plaindrons, — mais il n'était pas nécessaire pour cela de renouveler pour toute notre Charte fondamentale l'épreuve du vote populaire; on pouvait trèsbien ne soumettre à la ratification du suffrage universel que les articles ou les chapitres modifiés et laisser en dehors de l'appel au peuple les parties qui n'avaient même pas été mises en discussion, et, parmi elles, cela va sans dire, le chapitre 1ᵉʳ qui traite de l'hérédité de la Couronne dans la famille Bonaparte.

Mais non, cela ne suffisait pas : l'Empereur, saisissant l'occasion d'un changement à la Constitution, changement qui pouvait parfaitement s'opérer par les voies ordinaires et avec le concours du parlement, vient, l'année même de la majorité du Prince Impérial, c'est-à-dire à l'heure où la question dynastique va s'imposer aux esprits, il vient, disons-nous, demander pour lui et sa famille, l'appui considérable d'un nouveau vote populaire.

Si encore ce plébiscite devait être le dernier, si l'Empereur, — se contentant, comme l'ont fait jadis quelques chefs de branche royale, de faire consacrer de son vivant par le suffrage du peuple, son Fils et premier successeur, — renonçait dorénavant au droit de convoquer le peuple pour lui soumettre son droit dynastique, nous pourrions peut-être blâmer l'opportunité de cet appel, mais nous n'aurions pas raison de nous en inquiéter pour l'avenir.

Malheureusement ce n'est pas ainsi que la question est posée. Le régime plébiscitaire est placé résolument, et à tout jamais, en face du droit héréditaire. C'est donc ici que vient se placer le second point de notre discussion, que nous avons résumé ainsi : le régime plébiscitaire est-il compatible avec un trône héréditaire ?

## IV

Un député de la gauche a déjà developpé à son point de vue — dans un remarquable discours qui l'a placé immédiatement au rang de nos plus grands orateurs parlementaires, — l'avenir de la monarchie en face du suffrage universel. Sans aller peut-être aussi loin que M. Gambetta, et dans tous les cas, sans prendre parti pour ou contre son argumentation, nous voudrions essayer de montrer tout ce qu'a d'incompatible, selon nous, le principe de l'hérédité monarchique placé en tête de nos institutions, et le droit permanent au plébiscite laissé au Chef de l'État par le fameux article 13 de la Constitution soumise aujourd'hui à la sanction populaire.

Qu'est-ce qu'une dynastie?

Au point de vue historique, c'est une filiation de princes de même famille, se succédant régulièrement les uns aux autres par droit héréditaire.

Au point de vue pratique, on est convenu d'appeler aujourd'hui dynastie une famille de princes régnant par droit ou par force et tendant à réaliser dans l'avenir, pour les historiens futurs, les conditions que nous venons d'indiquer.

Quel est donc le caractère fondamental d'une dynastie? L'hérédité, c'est à dire la stabilité.

Qu'est-ce maintenant que le droit au plébiscite? C'est la faculté pour le Souverain, d'en appeler dans toutes les circonstances graves au peuple dont il tient son pouvoir. Or, consulter le suffrage universel sous la forme plébiscitaire, c'est s'exposer aux plus grandes fluctuations de cette chose variable et insaisissable que l'on appelle l'opinion publique.

« Lorsque le peuple vote en masse sur la place publique et donne directement son suffrage, c'est pour ainsi dire tout le sang d'un corps qui afflue vers la tête ; il y a malaise, congestion, étourdissement. Les intérêts même du peuple sont mal représentés, parce que ce n'est plus la réflexion et le jugement qui élisent, mais la passion et l'entraînement du moment qui décident du choix. »

Écartons de ce jugement sévère porté autrefois sur le suffrage universel par le prisonnier de Ham qui s'appelle aujourd'hui Napoléon III, les exagérations produites sans doute par les tristesses de la captivité. Il restera acquis à notre thèse que l'Empereur lui-même admet l'instabilité des jugements populaires, puisqu'il croit que « la passion et l'entrainement du moment, » y ont plus de part que « la réflexion et le jugement. »

Le régime plébiscitaire est donc en contradiction absolue avec le droit dynastique héréditaire, puisque l'un éveille avant tout l'idée de stabilité, tandis que l'autre s'adresse à la chose la plus mobile qui soit au monde.

En effet, il ne faut pas se le dissimuler ; si le droit plébiscitaire entre dans nos mœurs comme il est dans nos lois — et qui peut douter que ce moment doive arriver? — il viendra un jour où le peuple, consulté sur une question grave, engageant l'avenir de la dynastie, répondra NON.

Mais, dira-t-on, lorsque le Gouvernement verra la majorité lui échapper, il se gardera bien de consulter la nation et fera une évolution pour éviter une révolution. Erreur! supposons même que la France ait à sa tête ce chef infaillible, impeccable, infatigable, rêvé par M. Ollivier, ce chef « d'une intelligence surnaturelle, puisqu'il devrait penser pour plusieurs millions d'hommes ; d'une volonté infaillible, puisqu'il serait le moteur duquel tout recevrait le branle; d'une sagesse imperturbable, puisque la moindre de ses erreurs deviendrait un malheur public; dans la jeunesse, d'une maturité de vieillard, dans la vieillesse, d'une vigueur de jeune homme; » supposons que ce César idéal, sentant le peuple se retirer de lui, veuille se rapprocher du peuple; en aura-t-il le temps? Si la machine gouvernementale suit la marche ordinaire, peut-être.

Mais si le plébiscite, qui, encore une fois, est la suspension de la vie normale du pays, si le plébiscite est entré dans nos mœurs, une étincelle peut faire sauter la dynastie.

Si la question est posée et qu'elle soit résolue dans le sens négatif, qui pourra mesurer les conséquences de ce vote? Et si le chef de l'Etat refuse le plébiscite, sa chute sera peut-être retardée de quelques jours, mais il arrivera certainement un moment, où les sourdes colères annoncelées dans le cœur du peuple par ce déni de justice feront explosion et balaieront du trône la famille assez imprudente pour soulever un jour de pareils problèmes, et pour refuser plus tard de les laisser se résoudre naturellement.

## V

Il est donc dangereux pour la dynastie impériale, disons-le franchement, de jouer ainsi à la royauté de droit divin à l'instant même ou à force de faire des plébiscites et surtout en se réservant le droit pour l'avenir d'en faire de nouveaux, elle finira peut-être par persuader au peuple français qu'il est en République avec un Président électif sous le nom d'Empereur.

Pour nous, ce gouvernement ne nous effraierait nullement, hâtons-nous de le dire. Des institutions républicaines sous une forme monarchique aussi mitigée que possible; la république dans les choses avec la royauté dans les mots; un peuple souverain, avec un Empereur électif (1), réduit au rôle viager d'un Président des États-Unis d'Amérique, telle est peut-être, à notre avis, la meilleure solution du problème politique des temps modernes — dans notre pays, du moins, habitué de si longue date à la forme monarchique, que l'absence d'un Roi ou d'un Empereur est trop souvent pour lui le synonime d'anarchie.

Peut-être nous accusera-t-on d'indifférence sur la meilleure forme de gouvernement?

Nous acceptons ce reproche et nous avouons que nous partageons sur ce point l'opinion de bien des hommes éminents qui regardent plus au fond qu'à la forme des choses.

« J'appelle expressément *bon citoyen,* dit M. Prévost-Paradol, le Français qui ne repousse aucune des formes du Gouvernement libre, qui ne souffre point l'idée de troubler le repos de la patrie pour ses ambitions ou ses préférences particulières, qui n'est ni enivré ni révolté par les mots de monarchie ou de république, et qui borne à un seul point ses exigences : que la nation se gouverne elle-même sous le nom de république ou de monarchie par le moyen d'assemblées librement élues et de ministères responsables. » *(France nouvelle, page 152.)*

Les belles paroles qui précèdent résument ad-

----

(1) Sous la seconde race de nos rois, le prince était électif dans la famille de Charlemagne. (Voir MONTESQUIEU, *Esprit des lois,* liv. XXXI, chap. 17.)

mirablement, selon nous, la théorie du Gouvernement; mais en pratique, il n'est pas moins certain que tout changement politique portant sur la nature du pouvoir exécutif amène dans le monde social des perturbations qui peuvent devenir des désastres. Le *bon citoyen,* comme l'entend M. Prévost-Paradol lui-même, doit donc s'efforcer de garder le Gouvernement qu'il a en le perfectionnant, si cela est possible. Chercher le mieux, c'est vouloir le bien; et tout homme qui pense a le devoir de dire ce qu'il croit être la vérité.

C'est ce sentiment qui nous a fait prendre la plume et qui nous autorise à réclamer l'indulgence pour ces quelques pages jetées à la hâte au vent des controverses de la politique courante.


## VI


Il nous reste à conclure en deux mots : Si le régime plébiscitaire est incompatible avec l'hérédité dynastique; si cette arme, en ne la supposant jamais tournée contre la liberté, peut devenir, même dans des mains loyales, dangereuse pour la tranquillité publique, il serait de la dignité du peuple français aussi bien que de l'Empereur de se mettre réciproquement dans l'impossibité de provoquer un conflit dont le résultat serait évidemment la suppression violente du droit plébiscitaire ou du droit héréditaire, un cou d'Etat ou une Révolution. Abandonner l'article 13 du sénatus-consulte ou du moins, s'il est trop tard pour le rayer actuellement de la nouvelle Constitution, renoncer à en faire usage, saisir la première occasion de le supprimer expressément et revenir aux moyens ordinaires d'un gouvernement parlementaire, tel serait, selon nous, le rôle de l'Empereur.

Ou bien, si le droit du suffrage universel est positivement supérieur à tous les autres, si le peuple souverain doit réellement être consulté dans toutes les circonstances graves de l'existence de notre nation, nous donnerions au chef de l'État un conseil digne de tenter une grande âme et nous demanderions à Napoléon III de se souvenir de ce qu'écrivait Louis-Napoléon-Bonaparte à Arénemberg, en 1832, et de poser au peuple la question dans les termes mêmes où il l'a formulée lui-même alors :

« A l'avénement de chaque nouvel Empereur la sanction du peuple sera demandée. »

1ᵉʳ Mai 1870.

AMÉDÉE DE CAIX DE SAINT-AYMOUR.